INSTRUCTION PUBLIQUE.

FACULTÉ DE DROIT DE STRASBOURG.

ACTE PUBLIC
SUR LES RAPPORTS,

SOUTENU

A LA FACULTÉ DE DROIT DE STRASBOURG,

Le Mardi 16 Mars 1819, à quatre heures de relevée,

POUR OBTENIR LE GRADE DE LICENCIÉ EN DROIT,

PAR

J. F. B. BOYERFONFRÈDE,

DE TOULOUSE (HAUTE GARONNE).

STRASBOURG,

De l'imprimerie de Levrault, impr. de la Faculté de Droit.

1819.

A MONSIEUR

ET

A MADAME

BOYERFONFRÈDE,

MES PÈRE ET MÈRE.

J. F. B. BOYERFONFRÉDE.

M. Hermann, Chevalier de l'Ordre royal de la Légion d'Honneur,
Doyen de la Faculté de Droit.

EXAMINATEURS:

MM. Hermann,
    Thieriet de Luyton, } Professeurs.
    Laporte,
    Bloechel. . . . . Suppléant.

La Faculté n'entend approuver ni désapprouver les opinions particulières au Candidat.

DES RAPPORTS.

Labor improbus omnia vincit.
(VIRGILE.)

J E définis le rapport, une obligation imposée par la loi à tout héritier quelconque qui vient prendre part à une succession, de remettre dans la masse à partager tout ce qu'il a reçu directement ou indirectement du défunt durant la vie de ce dernier. [1]

Les rapports sont donc basés sur l'équité la plus parfaite. *Hic titulus manifestam habet æquitatem*, dit ULPIEN [2]. On fonde encore cette disposition de la loi sur deux présomptions : la première, que le défunt n'a fait d'avance un don au successible que pour lui tenir lieu d'une partie de ce qu'il auroit à recueillir dans l'hérédité; la seconde, que le défunt n'eût pas fait le don, s'il avoit prévu que le donataire deviendroit son héritier : car un père est *ordinairement* présumé avoir pour tous ses enfans une égale tendresse, et vouloir qu'ils aient tous une portion virile dans sa succession.

La matière des rapports est fort étendue, et il est impossible de l'épuiser dans une Dissertation, dont les bornes ne peuvent contenir tous les développemens qu'elle exigeroit. J'essayerai donc de la traiter succinctement, et posant les principes généraux, je me réserverai de leur donner, lors de mon acte public, toute l'étendue dont ils sont susceptibles.

---

[1] L. 1, *ff. de collatione bonorum.*
[2] *Idem, ibidem.*

DROIT ROMAIN.

Les jurisconsultes romains avoient, sur le rapport, à peu près les mêmes idées que nous, et ULPIEN nous en fournit la preuve dans la loi 1, *ff. de coll. bon.* Néanmoins, long-temps cette disposition fut inconnue à Rome, et il est difficile de faire concorder cette indifférence pour une mesure aussi naturelle, avec le respect et l'hommage que ce peuple célèbre rendoit si hautement à la justice. L'on ne peut en donner qu'une seule raison, c'est qu'avant que le préteur se fût avisé d'appeler les enfans émancipés à la succession de leur père par l'édit *unde liberi*, il n'y avoit point de cas où le rapport pût s'exercer. En effet, la loi des douze Tables n'appeloit à la succession de leur père que *les enfans siens*, c'est-à-dire ceux qu'il avoit sous sa puissance. Or, comme d'après le droit de la puissance paternelle le père et le fils ne faisoient qu'une seule personne [1], il ne pouvoit exister entre eux aucun acte dans les affaires privées [2]; tout ce que le fils acquéroit appartenoit au père : ainsi, dans aucun cas, sous l'empire de ce Code, le rapport ne pouvoit avoir lieu, puisque les enfans n'avoient jamais rien en propre et qu'ils ne pouvoient rien recevoir de leur père. Cette disposition ne fut donc introduite à Rome qu'après que le préteur eut appelé les enfans émancipés à la succession de leur père; car, comme alors ce que ceux-ci acquéroient leur appartenoit en propre, et qu'au contraire tout ce que les *enfans siens* acquéroient ne leur appartenoit pas et faisoit partie de la succession du père commun, il y auroit eu de l'injustice à ne pas obliger les premiers à tenir compte à leurs cohéritiers de ce qu'ils avoient gagné par le bénéfice de l'émancipation. En ne les forçant point à ce rapport,

---

1 HEINEC. *Element. juris civilis*, tom. I, t. 9, *de patria potestate*, §. 139.

2 L. 9, *ff. de his qui sui vel alieni juris.* L. 13, §. 5 et L. 14 *ff. ad. s. c. Trebel.* BYNKERSHOEK, liv. I.er, chap. 18, pag. 75.

on se fût écarté du principe d'équité qui les avoit fait appeler à la succession, concurremment avec leurs frères restés sous la puissance paternelle, et l'on eût détruit l'égalité que l'on prétendoit rétablir.

La loi première, §. 5, *ff. de coll. bon.*, dit que *le rapport doit avoir lieu toutes les fois que les enfans en puissance souffriroient s'il n'étoit pas fait.* Il est facile de conclure de ce principe que, si dans une succession plusieurs fils émancipés étoient seuls en concours, ils ne se devroient point mutuellement le rapport de ce qu'ils auroient gagné depuis leur émancipation ; car tous sont alors dans la même position, et aucun d'eux n'éprouve une perte réelle. En effet, rien de ce qu'a acquis chacun en particulier n'est entré dans la composition du patrimoine du père : aucun d'eux n'éprouve donc de dommage si son cohéritier garde ce qu'il a gagné. Il eût été injuste de forcer un des enfans à remettre dans la masse à partager ce qu'il auroit acquis, tandis que les autres n'y verseroient rien [1]. Par identité de principe on devoit décider qu'entre deux enfans qui étoient sous la puissance paternelle lors du décès, il ne pouvoit pas y avoir lieu à rapport : cela est évident, puisque tout ce qu'ils avoient étoit la propriété de leur père. [2]

De la même source les jurisconsultes romains tiroient encore une autre conséquence : c'est que, si le fils émancipé demandoit la possession contre les Tables, et que le fils sien s'en tînt à l'institution que le père avoit faite de lui, quoique les deux héritiers vinssent à la succession en vertu de titres différens, le fils émancipé ne devoit pas moins le rapport de ce qu'il avoit gagné depuis son émancipation [3]. La raison qui porte le jurisconsulte Scævola à décider de la sorte, est évidente. En effet, quoique le fils éman-

---

1 L. 9, *ff. de coll. bon.*

2 LL. 9, 12, *ff. de coll. bon.*

3 L. 10, *ff. de coll. bon.*

cipé vînt à la succession en vertu d'un titre différent de celui de l'héritier institué, il n'en avoit pas moins le double avantage de jouir de ses propres biens acquis depuis l'émancipation, et de venir encore partager ceux du père commun. Or, comme, d'après la loi première, §. 5, *ff. de coll. bon.*, « le rapport doit avoir lieu « toutes les fois que les enfans en puissance souffriroient s'il n'étoit « pas fait, » on devoit décider que, dans ce cas particulier, il y avoit lieu à rapporter, et qu'il ne faisoit point exception à la règle générale.

D'après l'ancien Droit romain, la dot n'étoit point sujette à rapport, et cela venoit encore du principe qu'il ne devoit avoir pour but que d'indemniser *les enfans siens*. Par une faveur toute particulière, la dot se trouvoit exceptée de la nullité des donations faites par le père à ses enfans soumis à sa puissance; ainsi la fille non émancipée retenoit à son profit ce que son père lui avoit donné en dot : donc, il eût été injuste de forcer la fille émancipée à rapporter sa constitution dotale, puisque la fille restée sous la puissance paternelle n'étoit pas soumise à rapporter la sienne. L'empereur Antonin, dans un rescrit dont la loi 1.re, *ff. de coll. dotis*, fait mention, ordonna indéfiniment le rapport de la dot. L'empereur Léon, le philosophe, mit bientôt la donation à cause de noces sur la même ligne, et en ordonna le rapport tant à l'égard des enfans siens que des émancipés. [1]

Une remarque essentielle à faire, c'est que dans le Droit romain, tant ancien que nouveau, le rapport n'étoit dû que par les descendans qui venoient à la succession de leurs ascendans. Jamais il n'eut lieu entre ces derniers, ni les collatéraux, parce qu'alors l'égalité n'étoit point jugée nécessaire, et que l'on ne regardoit point une donation faite à un ascendant ou à un collatéral, comme

---

[1] *L.* 7, *ff. de coll. dotis.*

un avancement de sa portion dans la future succession, ce qui est le véritable fondement de l'obligation du rapport. [1]

Avant la réforme du Droit romain par l'Empereur JUSTINIEN, le rapport ne se faisoit que dans les successions ab intestat. Mais ce législateur, dans la Novelle 18, chap. 6, voulut que, lorsque les enfans auroient été institués héritiers universels par le testament, celui d'entre eux auquel il auroit été fait une donation entre-vifs, fût obligé de rapporter l'objet donné à la succession testamentaire, à moins que la donation n'eût été faite avec dispense de rapport. Telle est la manière dont les plus célèbres interprètes ont entendu cette Novelle, et parmi eux VINNIUS, ch. 7, n.ºs 4 et 5 : LEBRUN, Traité des successions, liv. 3, ch. 6, sect. 1.re, n.° 20 ; et SERRES, Inst. au Droit françois, liv. 3, t. 1.er, p. 400, sont de la même opinion que VINNIUS, et interprètent la Novelle 18 dans le même sens.

Tel est le dernier état de la législation romaine sur la matière des rapports. En pays de Droit écrit, on suivoit strictement les principes que je n'ai fait qu'énoncer succinctement, et on les avoit pris pour base des règles que *l'on suivoit dans la pratique*.

DROIT FRANÇOIS.

Il y a quatre principes généraux sur lesquels il est nécessaire d'être fixé pour entendre cette partie de la législation françoise, qui, sans contredit, en est une des matières les plus arides, et cependant une de celles qui méritent le plus d'être bien connues. Ces quatre principes sont :

1.° Que tous les dons faits par le donateur doivent être rapportés par le donataire, s'il est héritier du donateur ;

---

1 VINNIUS, *de coll.*, cap. 5, n.° 3.

2.° Qu'il est nécessaire d'examiner, avant de décider, s'il y a lieu à rapporter; si le donateur a pu disposer, et si, en le faisant, il a réellement dispensé du rapport ou non;

3.° Qu'il faut que celui qui a reçu des libéralités, s'il n'est pas héritier, ou si, étant héritier, il a renoncé à ce titre, soit dispensé du rapport;

4.° Que l'héritier, ou l'étranger, qui a reçu au-delà de la portion disponible, doit rapporter à la masse héréditaire l'excédant de cette quote.

Telles sont les quatre règles principales auxquelles on doit rapporter toute la section 2, chap. 6, du t. 1.er du livre 3 du Code civil. Il faut néanmoins observer que la quatrième n'est qu'une restriction apportée aux deux précédentes.

La législation qui nous régit a changé les principes établis par le Droit romain en cette matière, en voulant que tous les héritiers quelconques, soit descendans, ascendans, ou collatéraux du défunt, fussent obligés au rapport s'ils venoient à la succession de celui dont ils auroient reçu les dons[1]. J'ai déjà dit, page 4, que le Droit romain n'admettoit le rapport que dans la ligne descendante, et en exemptoit les lignes ascendantes et collatérales. L'égalité dans les partages a été le principal motif qui a porté le législateur à ce changement. L'art. 843 ne fait aucune exception entre les héritiers, et comprend même l'héritier bénéficiaire au nombre de ceux qui sont obligés au rapport; et cela est de la plus grande justice : car, puisqu'il a les mêmes droits que l'héritier pur et simple, il doit être obligé de supporter les mêmes charges. L'art. 843 renferme des expressions à l'étendue desquelles il faut faire la plus grande attention. *Tout héritier*, dit la loi, *venant à la succession, doit rapporter, etc.* Donc ce n'est que celui qui réunit en sa personne les qualités d'*héritier* et de *donataire* du

---

[1] Art. 843 du Cod. civ. Domat, Lois civiles, liv. II, tit. 4, sect. 2, n.° 1.

défunt, qui doit être tenu au rapport. Encore faut-il que, s'il est *héritier*, il accepte la succession ; car, s'il y renonce, d'après les termes même du Code, il s'en trouve dispensé, puisqu'il est considéré comme s'il n'avoit jamais été héritier [1]. Le législateur a donc ainsi établi l'incompatibilité des qualités de donataire et d'héritier. [2]

Mais, néanmoins, ce n'est pas d'une manière absolue que l'art. 843 a posé cette règle, et la loi dans la même section établit des exceptions pour divers cas et différentes libéralités [3]. Il est encore une circonstance où le donataire, quoique héritier, peut être dispensé du rapport ; c'est quand la chose donnée n'excède pas la portion disponible, et que le don a été fait par *préciput et hors part et avec dispense de rapport;* mais pour cela il faut que la volonté du donateur soit expressément manifestée. Cependant il n'est pas de rigueur absolue que cette dispense se trouve dans l'acte même qui constitue la libéralité, et elle peut être énoncée dans un acte postérieur, qui doit être fait dans la forme des dispositions entre-vifs ; car, dispenser du rapport, c'est faire un véritable don. Néanmoins il faut observer que cette dispense ne peut point avoir d'effet rétroactif, c'est-à-dire, détruire les droits acquis antérieurement à des tiers sur les biens donnés. [4]

Mais, si la donation étoit pure et simple, et que par aucun acte postérieur le testateur n'eût manifesté la volonté qu'elle fût *par préciput et hors part,* elle seroit soumise au rapport, quand bien même elle n'excéderoit pas la quote disponible. Bien plus, si le donateur venoit, postérieurement à la première donation, à en faire une seconde *par préciput et hors part,* cette dernière

---

1 Art. 785 du Cod. civ. Cour de cassation, 5 Brumaire an 13. SIREY, tom. 5, pag. 657. DOMAT, Lois civiles, liv. II, tit. 4, sect. 2, n.° 2.

2 Art. 843 du Cod. civ.

3 Articles 845, 847, 848, 849, 852, 853, 854, 855, 856 du Cod. civ.

4 Art. 919 du Cod. civ.

seule embrasseroit la portion disponible, ne seroit point sujette à rapport, et le premier donataire seroit obligé de remettre dans la masse à partager ce qu'il auroit reçu, quoique sa donation fût antérieure à celle qui en seroit dispensée.

Cependant la volonté que le testateur a eue que la donation fût faite par préciput, doit se présumer toutes les fois que le don n'a pas été fait personnellement à l'héritier, à moins que l'acte constitutif ne porte formellement le contraire [1]; car alors il est évident que le donateur n'a pas voulu obliger son héritier à rapporter un don qu'il ne lui avoit pas adressé. Ainsi, les libéralités faites aux enfans et à l'époux du successible, sont toujours censées faites avec dispense de rapport [2], lorsqu'à l'ouverture de la succession, l'héritier qui a survécu à son conjoint ou à ses enfans, se trouve détenteur des objets donnés : ce n'est point du défunt donateur qu'il les a reçus, mais d'une main étrangère. Or, en donnant ces biens, le défunt n'avoit pas voulu qu'ils restassent dans sa succession ; c'est par un accident qu'ils se trouvent dans les mains de l'héritier : donc il ne réunit point en sa personne les qualités dont le Code a proclamé l'incompatibilité. Il ne pourroit être obligé de remettre à la masse héréditaire que la partie qui excéderoit la portion disponible, parce que ceux de qui il tient les biens y auroient été sujets s'ils s'en étoient trouvés détenteurs au moment du décès du donateur, et qu'il est soumis aux mêmes obligations que ceux qu'il représente, puisqu'il ne peut avoir plus de droits qu'ils n'en auroient eux-mêmes. [3]

Le fils, venant à la succession de son père de son chef, et non par représentation, ne doit point le rapport de ce que son père auroit reçu, quand bien même il en auroit accepté l'hérédité.

---

1 TREILLARD, Exposé des motifs, tom. 4, pag. 171.
2 Art. 847, 849 du Cod. civ.
3 Art. 844 du Cod. civ.

Mais, s'il n'y venoit que par le secours de la représentation, il le devroit de tout ce qu'il auroit reçu, quand même il auroit renoncé à sa succession. Cependant, dans ce dernier cas, il n'a nullement profité de la libéralité qui lui a été faite; mais, en venant occuper sa place, il n'a que les droits qu'auroit eus celui qu'il représente. Or, son père eût été obligé de rapporter : donc lui-même devra le rapport de tout ce que son auteur aura reçu. Cette différence dans la manière de décider vient de ce que ce n'est point la qualité d'héritier du donataire qui oblige à remettre dans la masse à partager ce qu'il a reçu, mais bien celle de son représentant dans la succession.

La fille à laquelle il a été constitué une dot, est obligée de la rapporter, et en cela notre législation est conforme à la loi romaine[1]. Cependant il faut, d'après le Code qui nous régit, distinguer le cas où la dot a été constituée en immeubles, de celui où elle l'a été en meubles. Dans la première hypothèse la dot est toujours rapportable, parce que la loi a pris toutes les précautions pour que la fille pût la conserver, et que, d'après le Code civil, l'immeuble dotal est inaliénable et imprescriptible[2] pendant le mariage, à moins toutefois que la prescription n'eût commencé pendant sa durée.[3]

Mais, si la dot a été constituée en meubles ou en argent conformément au régime dotal, il n'en est pas de même, et l'on doit adopter d'autres règles. Il faut distinguer deux cas : ou le mari étoit solvable au moment de la constitution et avoit un état ou un métier, ou il étoit insolvable et n'avoit ni état ni métier. Dans le premier cas, la fille doit le rapport de la dot à l'hérédité et en supporte la perte[4], parce qu'elle a à s'imputer de ne s'être pas fait séparer de

1 L. 1, *ff. de collatione dotis.*
2 Art. 1560, 1561 du Code civil.
3 Art. 1561, 2255 *idem.*
4 Art. 1573 *idem.*

biens quand la dot étoit en péril[1]. Dans le second cas, la fille n'est pas tenue de rapporter la dot, si elle est perdue par l'insolvabilité du mari; elle ne remet à la masse héréditaire que l'action contre le mari, pour la répéter. [2]

Si les époux sont mariés sous le régime de la communauté, il faut décider différemment, parce qu'alors la dot est toujours aliénable, prescriptible et rapportable, et que la chance de sa perte est compensée par la possibilité que la fille devienne plus riche en participant à la communauté. [3]

Sous notre législation, les donations ou legs rémunératoires ne sont point dispensés du rapport, s'ils ne sont point faits *par préciput et hors-part*. Le Code civil a rejeté l'opinion de Lebrun et de Vinnius, qui pensoient que ces dons n'étoient point de véritables libéralités, si la valeur des services appréciables à prix d'argent égaloit le don. Les expressions de l'article 843 du Code civil sont trop claires et trop formelles pour que l'on puisse douter qu'il ne repousse pas cette décision. *Tous les dons et legs sont rapportables*, dit-il: ainsi point d'exception en faveur des donations rémunératoires, et il *n'est pas permis de suppléer les exceptions qui ne se trouvent point dans la loi.*[4]

Le Code veut que tout ce que l'héritier donataire a reçu directement ou indirectement du défunt soit sujet à rapport. Par les expressions *directement* ou *indirectement*, la loi a en vue les actes simulés qui pourroient avoir lieu entre les ascendans et leurs enfans, pour faire parvenir à l'un d'eux au-delà de la portion disponible. C'est par les présomptions, les circonstances et le concours de tous les moyens propres à prouver la simulation, que l'on cherche à discerner si la donation a été faite en fraude des

1 Art. 1563 du Code civil.
2 Art. 1573 *idem*.
3 Art. 1421 *idem*.
4 Portalis, livre préliminaire du projet du Code, titre 5, art. 7.

autres enfans. Mais il faut prendre garde que des présomptions légères ne doivent point suffire pour la faire réformer ; car la loi n'a pas entendu prohiber toute espèce de contrat entre le père et ses enfans [1] : même quand la libéralité seroit faite en fraude, l'on ne devroit pas la rendre sujette à rapport, si elle n'avoit pas excédé la portion disponible ; et si elle avoit ébréché les réserves légales, on devroit la réduire jusqu'à concurrence de cette portion. En effet, en usant d'une voie détournée pour faire le don, le donateur a suffisamment manifesté qu'il vouloit qu'il fût fait par préciput. L'on devroit encore décider la même chose dans le cas où il auroit pris, pour faire sa libéralité, la voie d'un contrat onéreux; car alors il est évident qu'il a voulu dispenser le donataire du rapport, puisqu'il a choisi, pour donner, la forme d'un contrat qui n'y est point soumis [2], et qu'il est d'axiome en droit, *non dicitur in fraudem quod cessante fraude æque fieri potuisset.* L'art. 918 du Code civil décide seulement, que l'excédant de la portion disponible sera sujet à rapport. Néanmoins M. CHABOT de l'Allier a émis une opinion contraire. Celle pour laquelle je me suis déterminé, me paroît plus conforme aux principes de notre législation, sous l'empire de laquelle la volonté des parties, clairement manifestée, fait loi, quand elle n'est pas contraire aux lois, à l'ordre public ou aux bonnes mœurs. Or, le Code permet d'avantager un des enfans jusqu'à concurrence de la portion disponible; peu importe donc quelle voie prendra le donateur pour disposer. D'un autre côté, cette opinion me paroît préférable, parce qu'elle tarit la source des procès sur cette matière. En effet, il est bien plus facile de décider si le testateur a outre-passé la portion disponible, que de rechercher si une donation a été faite d'une manière indirecte et dé-

---

[1] Art. 853, 854 du Code civil.

[2] TREILLARD, Exposé des motifs, tom. 4, pag. 171, art. 918 du Code civil.

guisée, chose dont la décision est presque toujours conjecturable et par conséquent le plus souvent injuste.

Le rapport n'est dû que par l'héritier à son cohéritier, et il n'est pas dû aux légataires ni aux créanciers de la succession[1]. Cette décision de la loi est une conséquence du principe qui l'a fait établir. Son but est, avons-nous dit, de faire que tous les cohéritiers soient égaux : donc les étrangers, n'étant point héritiers, ne doivent point y participer ; car leurs créances sont ou antérieures ou postérieures à la donation. Si elles sont antérieures, ils auroient dû exiger une hypothèque et prendre inscription sur les biens de leur débiteur ; puisqu'ils ne l'ont point fait, ils ne peuvent imputer leur malheur qu'à leur faute, et ils n'ont pas droit de se plaindre. Si les créances sont postérieures à la libéralité, ils ne peuvent non plus en exiger le rapport, parce que, à l'époque où la libéralité a été faite, ils n'avoient aucun droit à prétendre sur les biens donnés.

Cependant, aux termes des art. 865 et 882, le créancier d'un des cohéritiers pourroit l'exiger ; mais ceci est une espèce toute différente de celle de l'art. 857. En effet, ce sont les créanciers du défunt qui ne peuvent point exiger le rapport à la masse à partager, au lieu que, dans les cas prévus par les art. 865 et 882, ce sont les créanciers de l'un des cohéritiers qui viennent à son lieu et place, et exercent tous ses droits : or, il auroit pu demander le rapport, et il lui auroit été dû comme à un cohéritier ; donc il sera dû de même à ses propres créanciers, puisqu'ils exerçent le même droit que lui[2]. Les légataires à titre universel, et à plus forte raison les légataires à titre particulier, ne peuvent point exiger le rapport, car ils ne sont point héritiers. Mais, si l'héritier renonce à la suc-

---

1 Art. 857 du Code civil. Pothier, Coutume d'Orléans, t. 2, n.° 88.

2 Art. 788, 865, 882 du Code civil. Pothier, Traité des successions, ch. 3, art. 2.

cession pour s'en tenir à la part qu'il a reçue, il n'est point tenu de rapporter ; seulement il doit souffrir la réduction de ce qui excéderoit la portion disponible : mais ne perdons pas de vue que ce n'est pas par voie de rapport qu'il éprouve ce retranchement.

Enfin il résulte, tant de la lettre de notre Code que de son esprit, que le *rapport* n'est dû qu'aux héritiers du sang et par eux, parce que ce sont en effet les seuls auxquels la nature donne des droits égaux. Bien plus, si la masse des biens à partager ne suffisoit pas pour acquitter les dettes du défunt, les héritiers, en renonçant à la succession, auroient leur réserve légale sur les biens donnés ; ils pourroient en exiger le rapport et en profiteroient, sans que les créanciers pussent y avoir aucune part[1] : car ces biens donnés forment seuls la fortune du défunt, puisque, pour fixer la portion disponible, il faut se reporter au moment de l'ouverture de la succession du donateur, et non au moment de la donation. A l'époque de son décès il ne laisse que des dettes : il n'a donc pu disposer de tout le montant de sa libéralité sans excéder la portion disponible, et les cohéritiers ont droit à en demander le rapport jusqu'à concurrence de leurs réserves légales sur ces biens donnés. Les créanciers du défunt ne peuvent y avoir aucune part ; car ces biens n'étoient plus dans les mains du donateur, et si les cohéritiers en profitent, c'est parce que le rapport est dû par l'héritier à ses cohéritiers, et non aux créanciers ou légataires. Il ne se fait qu'à la succession du donateur, et il est dû à l'instant même de son décès[2]. On doit le rapport de tout ce qui a été employé pour l'établissement d'un des cohéritiers, ou pour payer ses dettes[3]. Il faut néanmoins distinguer deux sortes de dépenses dans la décision que porte l'art. 851 du Code civil :

---

1 Art. 921 du Code civil ; Procès-verbal des conférences, p. 428.
2 Art. 850 du Code civil.
3 *Ibid.*, art. 851.

celles qui ont été faites pou rpréparer un état à l'enfant, ou celles qui lui en constituent un. Au rang des premières nous plaçons celles de frais d'études, de grades, etc. ; et elles ne sont point rapportables, parce qu'elles ne constituent point un état qui assure une existence à l'enfant ; les livres mêmes que l'on lui donne pour arriver au grade de licencié et même de docteur, ne sont point rapportables lorsqu'ils ne constituent pas une bibliothèque considérable [1]. Il en seroit différemment si l'on avoit acheté une étude de notaire pour l'enfant, parce qu'alors il auroit un état qui lui assureroit une existence, et il devroit le rapport de la somme qu'elle auroit coûté ; mais néanmoins il n'en payeroit l'intérêt que du jour de l'ouverture de la succession [2]. Les rentes et pensions que le défunt auroit acquittées à l'un des cohéritiers ne me paroissent pas non rapportables.

Le cohéritier ne doit point encore être soumis à remettre dans la masse à partager les profits qu'il a pu retirer des conventions passées avec le défunt, si, lorsqu'elles ont été faites, elles ne présentoient aucun avantage indirect [3]. Ce dernier mot, *indirect,* doit être restreint aux avantages frauduleux qui excèdent la portion disponible : c'est une conséquence de l'opinion que nous avons manifestée plus haut.

La loi dispense encore du rapport les profits résultans des associations faites entre le défunt et l'un des cohéritiers [4]. Le Code civil met cependant deux conditions à cette exception : la première, que les associations ne contiendront point un avantage prohibé au moment où elles seront faites (car c'est ainsi que l'on doit entendre le mot *fraude* qui se trouve dans l'art. 854) ; la se-

---

1 LEBRUN, Traité des successions, l. 3, ch. 6, sect. 3, n.° 49.
2 Art. 856 du Code civil.
3 *Ibid.*, art. 853.
4 *Ibid.*, art. 854.

conde, que les conditions de l'association seront réglées par acte authentique : enfin, pour qu'elles soient dispensées du rapport, il faut que les sociétés contractées ne soient point universelles [1]; car ces dernières ne peuvent avoir lieu qu'entre personnes respectivement capables de s'avantager au préjudice des tiers. Enfin le Code civil déclare non rapportables les frais de nourriture, d'entretien, d'éducation, d'apprentissage, les frais ordinaires d'équipement, ceux de noces, les présens d'usage, etc. [2] La loi ne fait ici aucune distinction : ainsi, que ceux à qui ces diverses sommes ont été fournies soient riches ou pauvres, peu importe, ils n'en doivent compte dans aucun cas. La loi oblige les pères et mères à entretenir leurs enfans et à leur fournir des alimens [3]. Ainsi l'article 852 n'est à ce sujet qu'une répétition; car l'on ne peut devoir rapporter ce que l'on est obligé de vous donner.

Le rapport se fait en nature ou en moins prenant. [4]

En nature, lorsque l'objet donné est remis par le donataire dans la masse de la succession, pour être partagé avec les autres biens.

Il se fait en *moins prenant*, lorsque celui qui a reçu le don en diminue la valeur du montant de la portion qui lui revient. Cependant il ne dépend pas toujours du donataire de faire le rapport en moins prenant, ou en nature; car les dons mobiliers ne se rapportent jamais en nature : on en fixe la quotité d'après l'état estimatif annexé à la donation au moment où elle a été faite; car, en suivant les principes que l'on trouve dans l'art. 868, la propriété définitive en est transportée au donataire au moment même de la donation. Il faut remarquer que la disposition du Code civil est impérative et non facultative : il ne dépendroit pas du donataire de

---

1 Art. 1840 du Code civil.
2 *Ibid.*, art. 852.
3 *Ibid.*, art. 203, 208.
4 *Ibid.*, art. 858.

rapporter les meubles au lieu de leur valeur, et ses cohéritiers ne pourroient point être forcés à les recevoir[1]. Il en est de même à l'égard des rentes perpétuelles et viagères, soit sur l'État, soit sur les particuliers. Dès l'instant de la donation ces rentes sont devenues la propriété du donataire; car le Code civil les regarde comme meubles[2] : par conséquent elles doivent être régies par les mêmes lois, et le rapport doit s'en faire en moins prenant, d'après leur valeur au moment de la donation. Sous l'ancienne législation françoise il n'en étoit pas de même[3], parce qu'alors l'on considéroit les rentes comme immeubles. L'argent étant considéré comme meuble[4], il est tout simple que le rapport doive s'en faire en moins prenant; et si sa valeur avoit éprouvé des variations depuis la donation, ce seroit d'après celle qu'il auroit eue à cette époque qu'il devroit se faire, et non d'après celle qu'il auroit au moment de l'ouverture de la succession. M. DE MALEVILLE pense le contraire; mais son opinion ne me paroît pas devoir être suivie dans ce cas-ci, parce qu'elle n'est pas conciliable avec les principes que je trouve émis dans l'article 868.[5]

· Le rapport des immeubles donnés se fait toujours en nature. Cette différence entre la manière de rapporter les meubles et les immeubles, vient de ce que les premiers sont toujours censés donnés en propriété, même lorsque le don en a été fait en avancement d'hoirie, et qu'à moins que les immeubles ne soient donnés *par préciput et hors part*, le don n'en est jamais censé fait que pour en jouir, et sous la condition tacite de les rapporter à la masse à partager lors de l'ouverture de la succession[6]. Cepen-

---

1 Art. 868 du Code civil.

2 *Ibid*, art. 529.

3 FERRIÈRES, sur l'art. 305 de la Coutume de Paris, n.° 32.

4 Art. 528 du Code civil.

5 MALEVILLE, tome II, p. 336 et 337.

6 Art. 859 du Code civil.

dant la loi admet deux exceptions à cette règle générale. La première est, lorsqu'il y a dans la succession des immeubles pareils en valeur, qualité et bonté, dont on puisse former des lots égaux pour les autres cohéritiers [1] ; alors l'héritier peut faire le rapport en moins prenant, et c'est une faculté que lui laisse la loi.

La seconde exception est, lorsque l'héritier a vendu l'immeuble donné. Alors le rapport n'a lieu qu'en moins prenant, et les tiers acquéreurs ne peuvent être évincés par les cohéritiers sous le prétexte que celui qui a vendu n'avoit qu'une propriété résoluble, et qu'il n'a pu transférer à des tiers plus de droits qu'il n'en avoit lui-même. La loi n'accorde cette faveur au cohéritier que pour ne pas l'exposer à des dommages et intérêts envers les tiers acquéreurs ; c'est ce qui fait dire à POTHIER, en traitant cette question : *Inter personas conjunctas res non sunt amare tractandæ.* [2] Cependant, si l'immeuble donné sans préciput excédoit la part héréditaire du donataire, les tiers-acquéreurs pourroient être évincés de tout l'excédant [3]. Dans le cas où l'immeuble donné sans préciput est rapporté en moins prenant, on doit en fixer le prix, non à l'époque de la donation, mais à celle de l'ouverture de la succession [4]. Cependant, comme il est possible que le fonds se soit amélioré entre les mains du donataire par les dépenses qu'il y a faites, on doit lui en tenir compte en proportion de la valeur dont il se trouve avoir été augmenté au moment de l'ouverture de la succession comparativement à celle qu'il avoit à l'époque de la donation [5], comme aussi de son côté le donataire doit tenir compte des détériorations. [6]

---

[1] Art. 859 du Code civil.
[2] POTHIER, Traité des successions, chap. 4, art. 2, §. 8.
[3] Art. 930 du Code civil.
[4] Ibid., art. 860.
[5] Ibid., art. 861.
[6] Ibid., art. 863.

En Droit on distingue quatre différentes espèces de dépenses ; savoir : les dépenses nécessaires, les dépenses utiles, celles d'entretien, et celles de pur agrément. Je viens de parler des secondes. Les dépenses nécessaires pour la conservation ou l'exploitation de l'immeuble doivent toujours être tenues en compte pour la valeur qu'elles ont coûté, quand bien même elles auroient cessé d'exister par cas fortuit [1]. Quant à celles d'entretien, on n'en doit aucun compte au donataire, parce qu'elles sont une charge de sa jouissance : il en est de même de celles de pur agrément. Il existe une grande différence entre les dépenses utiles et les nécessaires. Si l'objet des premières n'existoit plus au moment de l'ouverture de la succession et avoit péri par cas fortuit, on ne devroit pas en tenir compte, parce qu'elles ne produiroient plus aucune utilité ; au lieu que, pour les dépenses nécessaires, même quand leur produit n'existeroit plus au moment du partage, on n'en doit pas moins tenir compte au cohéritier donataire, parce que sans elles l'immeuble eût peut-être péri ou fût resté en friche.

Lorsque le rapport a lieu en nature, dit l'art. 865 du Code civil, les biens se réunissent à la succession francs et quittes de toutes charges et hypothèques créées par le donataire [2]. Il doit paroître bizarre que, puisque le donataire peut aliéner l'immeuble, il ne puisse pas l'hypothéquer ; aussi cette disposition occasionat-elle de violens débats au Conseil d'État. Cependant on finit par convenir que, comme la faculté d'aliéner accordée au donataire n'étoit qu'une exception au principe général, que celui qui n'a qu'une propriété résoluble ne peut en transmettre une différente, on ne devoit point l'étendre à un autre cas que celui pour lequel elle avoit été faite : aussi les créanciers chirographaires du défunt doivent-ils être préférés aux créanciers hypothécaires du

---

1 Pothier, Traité des successions, ch. 4, art. 2, §. 7.
2 Lebrun, Traité des successions, liv. 3, chap. 6, sect. 4.

donataire sur les biens qui rentrent, et le droit de ces derniers s'évanouit par l'effet du rapport. Bien plus, quand même l'immeuble sur lequel les hypothèques auroient été assises viendroit à écheoir en partage à l'héritier donataire, elles ne revivroient point pour cela de plein droit ; il faudroit que les créanciers fissent une nouvelle inscription, qui n'auroit force que du jour de sa date, parce qu'une hypothèque une fois éteinte ne peut revivre que par une nouvelle inscription. Donc, si de nouveaux créanciers, une fois le partage fait, faisoient inscrire leur titre avant les anciens, ils les primeroient ; mais, pour empêcher la mauvaise foi et la fraude, la loi autorise les créanciers du donataire qui ont hypothèque sur les biens donnés, à intervenir dans le partage pour s'opposer à ce qu'il soit fait en fraude de leurs droits, et afin que le rapport ne puisse avoir lieu que par nécessité absolue. Si l'héritier faisoit le rapport en moins prenant, ou qu'il y eût dans la succession des immeubles d'égale valeur, qualité et bonté, pour former les lots des autres cohéritiers, les hypothèques subsisteroient ; parce que, pour qu'elles soient anéanties, il faut que l'immeuble soit rapporté en nature [1]. Si ce rapport n'a pas lieu, il n'y a à la masse héréditaire qu'une réunion fictive, et l'immeuble ne cesse point d'appartenir au cohéritier donataire qui a établi les hypothèques : or, pour qu'elles s'évanouissent, il faut qu'il cesse d'en être propriétaire, ce qui n'a lieu que quand le rapport se fait en nature.

---

[1] Art. 865 du Code civil.

FIN.

www.ingramcontent.com/pod-product-compliance
Lightning Source LLC
Chambersburg PA
CBHW070206200326
41520CB00018B/5525